AF382903

L'AUTOÉVALUATION

Analyser ses points forts et ses points faibles

Par Nicolas Zinque

50MINUTES.fr

L'AUTOÉVALUATION

- **Problématique ?** Comment développer un programme d'évaluation efficace afin d'analyser correctement ses compétences ?
- **Utilité ?** Évaluer de façon réaliste ses points forts, ses faiblesses et ses performances permet de s'améliorer et d'atteindre plus facilement ses objectifs à travers la connaissance de soi.
- **Contexte professionnel ?** Développement des compétences, management, gestion de carrière, motivation, formation, inventaire professionnel.
- **FAQ ?**
  - À quel moment est-ce pertinent de m'évaluer ?
  - À quelle fréquence dois-je planifier mes autoévaluations ?
  - Quels dangers suis-je susceptible de rencontrer lorsque je m'évalue ?
  - Quelle différence existe-t-il entre une grille d'évaluation et une grille d'autoévaluation ?

- Comment l'autoévaluation peut-elle m'aider à préparer mon entretien annuel ?
- Que faire si les résultats de mon bilan personnel diffèrent de ceux de mon évaluation annuelle ?
- Dois-je encourager l'autoévaluation chez mes employés ?

L'évaluation ne nous est pas étrangère ; elle est même inscrite dans notre culture puisque dès nos premiers pas à l'école, nous passons par cette étape pas toujours agréable. Et bien que nous ne recevions plus de bons ou de mauvais points dans le monde professionnel, nous devons néanmoins affronter régulièrement l'appréciation de nos supérieurs. Si nous redoutons parfois ces évaluations et que nous les critiquons souvent, force est d'admettre qu'elles sont utiles, notamment pour juger de nos progrès. Cependant, évaluer est bien plus compliqué qu'il n'y paraît, d'autant plus si nous endossons la double casquette d'évaluateur et d'évalué ! En effet, lorsque nous sommes les seuls maîtres à bord, il nous est d'autant plus facile de perdre le contrôle des commandes.

Pourtant, être capable de s'évaluer soi-même correctement est une compétence indispensable en entreprise, que ce soit pour l'employeur qui désire embaucher une personne autonome, capable d'analyser son travail, ses échecs et ses succès pour progresser, ou pour l'employé qui la réalise, qui en est le premier bénéficiaire ! L'autoévaluation vous aidera à prévenir les éventuels obstacles et à atteindre vos objectifs plus facilement. Ainsi, ce projet qui vous tient tant à cœur, ce dossier si important que vous a confié votre patron ou encore cet entretien d'évaluation annuel aura plus de chance d'aboutir favorablement.

En 50 minutes, ce guide vous aidera à créer une grille d'autoévaluation personnalisée afin de mesurer objectivement vos résultats, de définir vos atouts et vos points d'amélioration potentiels pour gagner en productivité et de vous épanouir professionnellement.

B.A.-BA DU CHAMPION DE L'AUTOÉVALUATION

QU'EST-CE QUE L'AUTOÉVALUATION ?

Le processus en quelques mots

Ce concept est composé de deux mots qui, pris séparément, s'appréhendent aisément :

- « évaluation », qui, si l'on s'en tient à la définition du *Petit Robert*, définit l'« action d'évaluer, de déterminer la valeur ou l'importance d'une chose » ;
- « auto », qui signifie « soi-même ».

La plupart du temps, nous évaluons des personnes de notre entourage ou sommes nous-même évalué par ces dernières. Or l'autoévaluation a ceci de particulier qu'elle est exercée par un individu sur lui-même. En théorie, seule la cible change, mais dans la pratique, cela entraîne d'importantes conséquences. Avez-vous déjà remarqué que nous ne nous traitons pas de la même façon que les autres ? Certains font preuve d'indulgence, voire de laxisme en ce qui concerne leur personne ; d'autres sont au contraire plus intransigeants avec eux-mêmes qu'avec les autres.

Plus qu'une somme de mots, l'autoévaluation définit un processus complexe que l'on peut illustrer à l'aide du culturisme (*bodybuilding* en anglais). Vous connaissez sans doute ce sport dans lequel des individus développent leur masse musculaire à des fins purement esthétiques et exposent ensuite leur corps lors de compétitions. S'ils s'entraînent devant des miroirs, ce n'est pas uniquement pour admirer le résultat, c'est aussi et avant tout pour évaluer leur travail. Chaque personne a sa propre physiologie, qui facilite ou entrave le développement musculaire de certaines parties de son anatomie. Le culturiste doit donc apprendre à connaître son corps, ses atouts, mais surtout ses faiblesses. En effet, si travailler ses points forts est toujours plus gratifiant, il devra pourtant trouver un équilibre s'il veut obtenir un corps harmonieux. Sur base d'un premier bilan, il développera un programme d'entraînement adéquat afin d'atteindre son objectif. Régulièrement, il devra ajuster ses exercices en fonction de sa progression. Ce n'est qu'au bout de ces efforts qu'il touchera au but.

L'autoévaluation, c'est cela : apprendre à mieux se connaître, oser regarder son reflet dans le miroir et réaliser un bilan objectif en analysant ses forces et ses faiblesses en vue d'atteindre son but. Il est important de se forger un programme d'évaluation personnalisé, car certaines personnes se révéleront plus rapides dans l'apprentissage de certaines compétences.

CONSEIL

La comparaison avec le milieu sportif n'est pas fortuite. En effet, même si les grands champions sont entourés par une équipe constituée entre autres d'un entraîneur ainsi que de préparateurs physiques et mentaux, c'est surtout grâce à leur travail, à leur discipline et à leur capacité à s'évaluer qu'ils atteignent des sommets. Lors d'interviews, les sportifs dévoilent souvent des trucs et astuces, par rapport à leur mental et à leurs méthodes d'entraînement. Inspirez-vous-en. De plus, si vous perdez de vue votre objectif, raccrochez-vous à l'image du culturisme : représentez-vous votre projet comme le corps d'un *bodybuilder* et identifiez quelles parties doivent être améliorées.

Dans quel contexte l'utiliser ?

L'autoévaluation peut se révéler utile dans trois situations différentes, en se basant sur les critères « avant, pendant, après ».

- **« Avant »** : durant notre vie, nous devons régulièrement prendre des décisions importantes qui peuvent être lourdes de conséquences à long terme (« Vais-je prendre le risque de quitter mon poste à durée indéterminée pour réaliser mon rêve d'entrepreneur indépendant ? »). Avant de s'engager dans une nouvelle aventure ou dans un dossier compliqué, il est impératif de réaliser un bilan afin de peser le pour et le contre et, surtout, de comprendre les implications et les enjeux.
- **« Pendant »** : au milieu d'un projet, vous vous rendez compte que vous déviez de votre objectif initial ou que le contexte a changé avec l'annonce d'une nouvelle technologie,

la modification de la cible du futur produit, la réduction du budget de base, etc. C'est le moment d'évaluer la situation afin de rectifier si nécessaire les moyens pour parvenir à votre but.

- **« Après »** : l'autoévaluation d'un projet une fois celui-ci bouclé est tout aussi importante pour la suite de vos travaux. Après plusieurs mois passés sur un projet, vous souhaitez comprendre pourquoi il a été si laborieux à accomplir ? Vous avez rejoint une entreprise récemment et vous devez faire face à votre premier entretien d'évaluation ? Un bilan vous permettra de tirer des conclusions sur le travail que vous avez effectué.

L'AUTOÉVALUATION POUR TOUS

L'autoévaluation est essentielle dans le cadre de projets personnels où vous êtes le seul maître à bord, car personne ne vous recadrera si vous partez dans la mauvaise direction. Mais cet outil peut également convenir à tous les types d'emploi : si vous êtes exécutant dans une grosse société, sans aucune responsabilité, rien ne vous empêche d'évaluer votre travail et de chercher par vous-même le moyen d'améliorer votre efficacité. Vous vous épanouirez davantage dans votre quotidien et votre hiérarchie remarquera sûrement vos efforts.

Ses bénéfices

Si vous ne deviez retenir qu'un seul bénéfice, il s'agirait de celui-ci : une meilleure connaissance de soi. Plus qu'un atout professionnel, oser se regarder dans le miroir et comprendre comment on fonctionne constitue un réel avantage dans la vie. Plus vous vous confronterez à vous-même, plus vous pourrez corriger vos défauts et progresser, car l'autoévaluation s'inscrit dans l'optique d'un apprentissage permanent. Parmi ses autres bénéfices, citons :

- une capacité à analyser la situation et à anticiper les difficultés à venir ;
- un renforcement de l'autonomie et des facultés d'adaptation ;
- un tremplin vers l'accomplissement professionnel.

UN OBJECTIF BIEN DÉFINI

« Faire le point » : largement employée, cette expression n'a en réalité de sens que si elle est complétée. Faire le point oui, mais à propos de quoi ? Dans quel contexte ? Il est important de clarifier sa démarche et de préciser le plus possible son objectif pour connaître la direction à prendre.

EXEMPLES

- Actuellement employé administratif, je désire sous deux ans créer ma propre entreprise de produits labélisés « bio ». Quel est l'état de mes compétences et de mes connaissances pour réussir ma reconversion professionnelle ?
- Je suis gestionnaire de projet, et à mi-parcours de ce dernier, j'aimerais savoir où j'en suis.
- Je souhaite me préparer à l'évaluation périodique au sein de mon entreprise (dans ce cas, l'autoévaluation peut être une demande de votre supérieur), en identifiant mon apport à la société.

Attention, vous ne définissez pas toujours vous-même l'objectif. Si votre supérieur vous demande de « faire le point sur votre implication dans l'entreprise », vous pouvez lui demander des précisions pour savoir ce qu'il attend exactement de vous.

L'importance du commanditaire est telle que vous devrez parfois réaliser plusieurs grilles pour un même objectif. En tant que chef de projet, par exemple, vous présenterez une évaluation de votre travail à la direction de votre entreprise, mais également à votre client. Bien entendu, l'évaluation ne sera pas construite de la même façon.

UN ÉTAT D'ESPRIT ADÉQUAT

Vous devez aborder l'autoévaluation avec un état d'esprit adéquat, au risque de ne pas la réaliser correctement. Dès lors, quelques principes sont à retenir.

Être positif

Pour beaucoup, l'évaluation apparaît désa-gréable, car elle est susceptible de déboucher sur une sanction. Lorsque votre chef vous demande d'analyser un projet qui a mal fonctionné, vous adoptez parfois une attitude défensive, craignant d'être blâmé. Vous devez garder à l'esprit que l'objectif est votre progression. Si vous rencontrez des difficultés durant le processus, pensez aux bénéfices que cette démarche vous apportera. Admettre ses défauts et ses erreurs peut sembler difficile, mais les nommer constitue la première étape dans votre évolution !

Être objectif

L'émotion est la première ennemie de l'autoévaluation, car nos sentiments peuvent occulter notre vision et nuire à notre analyse. De plus, en réalisant cette dernière, on se heurte à sa propre estime de soi. Ainsi, les personnes ayant un ego fort risquent de se surévaluer, tandis que celles qui ont une piètre opinion d'elles-mêmes se dépeindront de manière négative.

Dès lors, cette démarche implique une grande objectivité de votre part, car pour vous évaluer, vous devez vous baser sur des faits et non sur des opinions telles que : « Je trouve que mon niveau est mauvais » ou « Je trouve que je ne fais pas ça bien ». Les expressions « c'est bien » ou « c'est mal » ne veulent rien dire en soi : ce n'est qu'en les associant à une valeur concrète qu'elles prendront du sens, dans une grille d'autoévaluation par exemple.

Bien sûr, l'objectivité parfaite n'existe pas, mais cela n'empêche pas de pouvoir s'en approcher. Pour cela, suivez ces quelques conseils :

- soyez schizophrène. Puisqu'il est plus facile de juger objectivement autrui, imaginez que l'on vous a demandé d'analyser la situation d'un collègue que vous ne connaissez pas ;

  > « J'ai travaillé plusieurs années avec un collègue qui se préparait de manière originale à son évaluation annuelle. Il imaginait qu'il évaluait son jumeau plutôt que lui-même. C'était pour lui une solution idéale : en s'appuyant sur les liens spéciaux qui l'unissaient à son frère, il parvenait à prendre du recul. » (Jean-Claude, collaborateur administratif dans le secteur public)

- demandez l'avis de personnes extérieures sur votre travail, votre comportement, etc. ;
- apprenez à connaître vos biais (nous entendons par là la manière déformée dont nous

percevons la réalité) et, plutôt que d'essayer de les changer, compensez-les dans votre grille d'autoévaluation par des points forts.

Être réaliste

Être objectif vous permettra notamment d'être plus réaliste, un autre principe essentiel. En effet, pour une autoévaluation efficace, vous devez trouver le juste milieu et vous évaluer avec pragmatisme. Se surévaluer ou se sous-évaluer risque en effet de vous bloquer dans la réalisation de vos objectifs, que vous y passiez plus de temps que prévu, que vous vous refusiez à demander de l'aide, certain de pouvoir vous débrouiller seul, ou que vous renonciez à participer à un projet par peur de ne pas pouvoir gérer ce travail supplémentaire. Dans tous les cas, le découragement vous guette. Ne tentez pas de vous attribuer de fausses qualités ou des défauts imaginaires, cela ne fera que vous desservir.

Être honnête avec soi-même

Lorsque vous devez rendre des comptes à une personne extérieure, trouver des excuses pour tenter de vous en sortir est une possibilité ; il sera en revanche plus difficile de vous mentir à vous-même et la politique de l'autruche ne vous sera d'aucune aide. Prenez vos responsabilités. Bien sûr, il existe de réels imprévus, mais souvent, la vraie cause provient d'un manque de volonté ou de discipline. S'évaluer est extrêmement difficile, car cette démarche place la personne face à ses responsabilités, sans aucune échappatoire possible. Pas de panique, personne ne vous demande d'y arriver du premier coup, mais ne vous cachez pas derrière de faux prétextes !

LA GRILLE D'AUTOÉVALUATION

Cet outil peut vous aider à réaliser votre autoévaluation. En effet, en structurant vos réflexions et vos compétences sous forme de tableau, vous pourrez les analyser plus facilement. La grille d'évaluation comprend trois éléments :

- **les critères** sont les éléments évalués et constituent les points qui vous permettront de porter un jugement sur la situation ;
- **les éléments observables** représentent les comportements ou les caractéristiques liés aux critères ;

- **l'échelle de valeurs** correspond au système d'évaluation de vos critères. Elle est composée d'échelons, auxquels est assignée une valeur ou une appréciation.

Nous exposons ci-dessous un type de grille d'évaluation. Vous trouverez d'autres exemples dans la section « <u>À vous de jouer !</u> »

Suis-je un bon manager de projet ?

Critères	Éléments observables	Échelle de valeurs (échelons)				
Gérer une équipe	• Motiver l'équipe	1	2	3	4	5
	• Résoudre les conflits	1	2	3	4	5
	• Etc.					
Gérer un budget	• Évaluation du budget inital	1	2	3	4	5
	• Gestion des imprévus	1	2	3	4	5
	• Etc.					

PETIT PLUS

Les critères et les éléments observables peuvent différer selon le degré de précision de votre grille. Dans notre exemple, la personne cherche à obtenir une vue globale de sa fonction de manager avec ses points forts et ses faiblesses. Une fois ces derniers repérés, il pourra refaire une analyse plus détaillée en reprenant chaque critère individuellement et leur attribuant de nouveaux éléments observables. Quelle que soit la situation, appuyez-vous sur des éléments précis pour rendre la grille efficace et déterminer si vos objectifs sont atteints.

Les critères d'évaluation et les éléments observables

Le choix des critères constitue une étape essentielle à laquelle vous devez accorder la plus grande attention, car ils doivent être pertinents par rapport à l'objectif de la grille. Dans le cas où vous n'en êtes pas le commanditaire, celui-ci doit définir la pertinence des critères et vous les fournir. Il se peut donc que vous receviez une grille déjà préparée. Mais en général, c'est à vous de déterminer ces critères grâce à vos documents de travail, dans lesquels vos objectifs sont décrits. Par exemple, si un cahier de charges vous a été confié pour la gestion d'un projet, vous pouvez vous juger par rapport à l'objectif, au délai, au budget et aux ressources définies dans ce document. Ou encore, si vous vous rendez à votre premier entretien d'évaluation suite à une embauche, vous pouvez vous baser sur la description du poste dans l'annonce publiée ainsi que sur les objectifs de vos premières missions.

Ce choix est plus difficile lorsque vous êtes autonome, lorsque vous n'avez pas de supérieur et que vous devez vous-même fixer les critères *ex nihilo*. À nouveau, l'idéal est de partir de votre objectif et de le décrire. Vous pouvez organiser votre projet sur base de différents départements : communication, budget, équipe, etc. Que vous soyez à l'origine de votre autoévaluation ou non, gardez à l'esprit ces recommandations :

- un critère doit être spécifique à votre objectif. Si vous gérez une équipe internationale, vous pourrez vous demander si vous avez réussi à surmonter les différences de culture, ce qui n'aura évidemment aucun sens dans un projet national. Certains critères sont communs à nombre de projets, mais essayez de les préciser au maximum ;
- soyez également précis et factuel. Si votre autoévaluation porte sur une phase particulière

d'un projet, indiquez bien cette période et ne prenez en compte que les événements s'y référant ;

- documentez-vous. Vous pouvez consulter des témoignages de personnes qui ont connu des situations similaires, prendre contact avec des associations actives dans votre domaine ou encore chercher des modèles sur Internet. Cette démarche vous permettra de trouver des éléments auxquels vous n'aviez peut-être pas pensé. De plus, en comparant vos sources, vous identifierez les critères les plus cités et ceux qui ne sont jamais mentionnés : cela pourrait se révéler un bon indicateur de leur pertinence.

Pour chaque critère listé, demandez-vous en quoi il est indispensable pour atteindre l'objectif fixé. Plus ils seront précis, plus claire sera votre idée de la situation ! Cependant, suivant les situations, il n'est pas toujours nécessaire de tout détailler. En effet, la grille peut vous donner un aperçu général (si vous êtes aux prémices d'un projet) afin de débroussailler le terrain ou approfondir les choses. De plus, veillez à ce que les informations ne se chevauchent pas : vos éléments observables ne peuvent appartenir à plusieurs critères. Si c'est le cas, précisez davantage ces derniers. Il existe deux méthodes pour lister vos critères :

- citer l'ensemble des éléments observables puis les regrouper par catégories. Celles-ci formeront les différents critères ;
- définir d'abord les critères et chercher ensuite les éléments observables correspondants.

Si votre grille porte sur une situation que vous ne connaissez pas bien (par exemple, une reconversion professionnelle), privilégiez la seconde méthode ; sinon, choisissez selon votre préférence. Quoi qu'il en soit, essayez de ne pas dépasser dix critères pour ne pas vous éparpiller. Ceux-ci peuvent être formulés sous la forme :

- d'une question : « Ai-je su motiver mon équipe ? » ;
- d'une affirmation : « Je suis capable de motiver mon équipe » ;
- d'une action ou d'une compétence : « Capacité à motiver mon équipe ».

L'échelle de valeurs

On peut distinguer deux types d'échelles : celles dont les échelons ont une valeur et celles dont les échelons sont des appréciations.

La première catégorie regroupe les échelles numériques (1, 2, 3, 4, 5) et alphabétiques (A, B, C, D, E). Si vous préférez un support visuel, vous pouvez également opter pour une représentation graphique. Dans la deuxième catégorie, les échelles ont une valeur qualitative du type « médiocre », « passable », « bien », « très bien », « excellent ». Vous pouvez également utiliser une représentation symbolique (émoticônes, concept météorologique, etc.) afin de dynamiser votre tableau.

Tableau récapitulatif

Échelle	Type d'échelle	Utilité
1 2 3 4 5	Échelle numérique	La plus classique, idéale pour l'autoévaluation. Elle permet de comparer facilement plusieurs grilles, si vous mettez en place un programme.
A B C D E	Échelle alphabétique	Idem
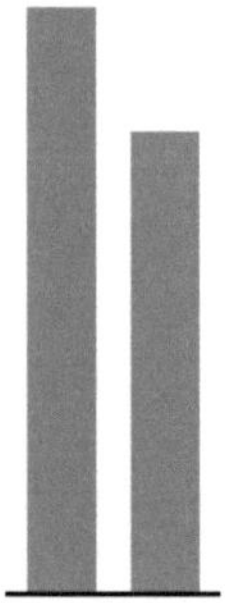	Échelle graphique	Elle est plus esthétique que pratique. N'essayez pas d'être trop précis au risque d'y consacrer beaucoup de temps inutilement. À l'inverse, si vous la remplissez à l'oeil, vous serez trop imprécis. Un conseil : prédécoupez-la en cinq ou en dix portions pour qu'elle soit plus visuelle.

Échelle	Type d'échelle	Utilité
Insuffisant, passable, satisfaisant, bon, excellent.	Échelle qualitative	Son grand atout est qu'elle est modulable : vous pouvez formuler des échelons différents en fonction du critère.
☹ ☺ ☺	Échelle symbolique	Cette échelle adoucit le caractère scolaire de l'évaluation et rend celle-ci plus agréable.

QUELQUES CONSEILS

- Le nombre d'échelons se situe habituellement entre trois et sept pour ne pas trop compliquer l'exercice. Deux échelons correspondent souvent aux valeurs « oui » et « non ». Privilégiez également un nombre impair, qui autorise un choix médian.

Dans de nombreux cas, cinq constitue le chiffre idéal.

- Les échelles figurent usuellement dans l'ordre croissant : la valeur la plus faible à gauche et la plus élevée à droite.
- Quelle que soit l'échelle choisie, vous devez définir précisément ce que signifie chaque échelon. Dans une échelle possédant cinq échelons, le troisième signifie-t-il 3/5, soit 60 %, ou marque-t-il la moitié, soit 50 % ? Et, dans les deux cas, comment déterminez-vous si une note est atteinte ou pas ?

Analyser les réponses

Une fois votre grille complétée, repérez les critères qui ressortent positivement et ceux qui se révèlent négatifs afin de dégager vos compétences acquises et celles à améliorer. Vous pouvez établir la moyenne de vos notes pour obtenir une vue globale de la situation. Toutefois, pondérez votre jugement, car tous les critères n'ont pas nécessairement le même poids. Vous pouvez les classer en éléments prioritaires et secondaires. Ainsi, si vous obtenez des résultats négatifs dans les critères secondaires, mais que vous obtenez de très bons résultats dans des critères prioritaires, vous êtes plus près de votre but que dans la configuration inverse.

Il est temps à présent de vous interroger sur les raisons et les facteurs qui expliquent ces résultats, dans le but de ne plus reproduire les mêmes erreurs. La situation dans laquelle vous vous trouvez influencera le type d'explications que vous allez chercher.

- S'il s'agit d'un projet professionnel, il peut exister des imprévus indépendants de votre volonté (maladie, faillite de l'entreprise partenaire du projet, etc.). Veillez toutefois à ne pas vous décharger de toute responsabilité : si vous avez dépassé le délai ou le budget prévu, peut-être ne les aviez-vous pas estimés correctement ? Si votre équipe n'a pas atteint son objectif, peut-être avez-vous mal communiqué avec ses membres ?
- Dans le cadre d'une préparation à l'entretien d'évaluation annuel, vous vous rendez compte que vous n'avez pas été capable d'achever le quota de dossiers nécessaires : avez-vous travaillé trop lentement ? Si oui, pourquoi per-

dez-vous du temps ? Avez-vous été perturbé par un collègue ? Est-ce la première fois que vous réalisez ce genre de tâche ?

L'analyse de chaque autoévaluation dépend en partie de la situation et de l'objectif. Une fois les points d'amélioration et les compétences maîtrisées déterminés, vous pouvez tirer parti de ces informations pour chercher des solutions et progresser : suivre une formation, se documenter sur un sujet en particulier, élaborer une procédure pour ne plus faire les mêmes erreurs, organiser une réunion pour recadrer l'équipe, etc.

LE PROGRAMME D'AUTOÉVALUATION

Pour beaucoup, l'autoévaluation se limite à un bilan occasionnel : je réalise ma grille, j'y réponds, j'en tire des conclusions, et je passe à autre chose ! Le processus ne s'arrête pourtant pas là. Lorsque vous avez trouvé les solutions adéquates pour atteindre votre objectif, vous devez faire en sorte de les mener à leur terme. Pour cela, établissez un programme d'évaluation en planifiant des bilans de début et de fin, mais également intermédiaires. Ces derniers pourront être instaurés :

- à intervalles réguliers (toutes les semaines, quinzaines, mois, trimestres, semestres) en fonction de la durée sur laquelle s'étend votre programme. Bien entendu, si vous éprouvez des difficultés particulières, n'attendez pas la prochaine autoévaluation, mais rectifiez le tir au plus vite ;
- lorsqu'un objectif intermédiaire est atteint (vous avez acquis une nouvelle compétence,

vous avez accompli un sous-objectif du projet, etc.).

Vous serez particulièrement attentif au bilan de départ, à partir duquel vous élaborerez les grandes lignes de votre projet, ainsi qu'au bilan d'arrivée, qui le clôt et qui permet de tirer des conclusions qui vous seront bénéfiques dans vos tâches futures. Établir un programme d'autoévaluation vous permettra :

- d'être plus autonome ;
- de réajuster si nécessaire le chemin vers votre objectif ;
- de progresser à votre rythme.

Petit plus

Un programme d'autoévaluation peut se révéler utile dans tout type d'emploi. En vous évaluant régulièrement, vous serez capable d'améliorer votre efficacité et de repérer vos baisses de régime. En outre, vous arriverez mieux préparé lors de votre entretien d'évaluation, car vous aurez de vrais arguments sur lesquels vous appuyer.

TOP CONSEILS

- Afin que votre autoévaluation soit construc-
tive, veillez à la réaliser dans de bonnes condi-
tions. Installez-vous au calme, dans un espace
et à un moment où vous ne serez pas dérangé.
Vous devez également être dans l'état d'esprit
adéquat : bien reposé, sans stress et prêt à
raisonner positivement. Enfin, ne vous précipi-
tez pas, prenez le temps de réfléchir à chaque
critère.

- Soyez le plus objectif possible. Inventer de
fausses compétences ne vous aidera pas à
vous améliorer, au contraire, vous pourriez
même échouer dans votre objectif ou perdre
en crédibilité face à votre employeur. Le but
de l'autoévaluation est de se jauger à sa juste
valeur, de mettre en avant ses qualités et de
se remettre en question sur ses points faibles.

- Avant d'entamer la création de votre grille,
réfléchissez à celle qui vous convient le mieux :
quelle forme ? Quelle échelle de valeurs et
quelle représentation ? N'hésitez pas à créer
votre propre système de notation, mais

n'oubliez pas de donner une valeur précise à chaque échelon. Vous devez accorder autant d'attention à la création de la grille qu'à vos réponses.

- Dans certaines situations, il peut être utile d'évaluer sa connaissance d'un critère indépendamment de sa capacité à le mettre en pratique (le savoir-faire). Construisez deux grilles et comparez-les !

- D'ailleurs, n'hésitez pas à construire plusieurs grilles : dans certains cas, l'objet de votre évaluation recouvre diverses thématiques, qu'il serait trop compliqué de regrouper en une seule grille. Souvenez-vous de l'exemple de l'employé administratif voulant lancer son entreprise de produits bio : il devra construire une grille « compétences liées à l'entrepreneuriat », une grille pour vérifier son expertise dans le créneau des produits bio, etc.

- Comparez vos résultats à vos bilans précédents, mais également, si possible, à ceux de vos collègues. Cette petite compétition doit avoir un but positif : vous améliorer en prenant le meilleur de chacun.

- Accordez de l'importance à votre estime personnelle. Celle-ci correspond au jugement que vous portez sur vous-même. Lorsque l'on a une piètre estime de soi, on a tendance à s'attribuer des notes négatives, à ne pas constater ses progrès, voire à saboter ses succès. Une grille d'autoévaluation a pour but d'empêcher que la confiance en soi n'interfère dans la confection du bilan de ses compétences (dans un sens négatif ou positif), même s'il semble presque impossible d'être tout à fait objectif. Essayez de comprendre comment vous vous percevez. Certaines disciplines comme le yoga ou la méditation peuvent vous y aider.

- Fêtez dignement chaque objectif atteint, chaque autoévaluation réussie et associez-les à une récompense. Et les résultats négatifs ? Transformez-les en perspectives positives : envisagez-les comme un nouveau défi et pensez à vos futurs succès !
- Affichez votre grille à un endroit visible et jetez-y régulièrement un coup d'œil : vous serez alors plus attentif à vos faiblesses passées.

FAQ

À QUEL MOMENT EST-CE PERTINENT DE M'ÉVALUER ?

Dans toute situation professionnelle (lancement d'un projet personnel, changement de poste, reconversion) ou personnelle, tout peut être évalué ! Nous pourrions passer notre vie à analyser nos actes, mais cela se révélerait très fastidieux. L'autoévaluation est donc particulièrement recommandée avant de prendre une décision importante, car elle vous permettra de bien saisir les enjeux et les risques encourus et d'emprunter la bonne voie. En cela, elle devrait faire partie intégrante de tout projet, individuel et collectif.

Aussi, il paraît constructif de réaliser un bilan lorsque nous sentons que quelque chose ne fonctionne pas, tant dans la vie privée que professionnelle, afin de rectifier le tir à temps. Cependant, l'idéal est de planifier régulièrement des évaluations en vue de prévenir ces situations. Ne vivez plus l'autoévaluation comme une corvée, mais allez au-devant d'elle et faites-en votre meilleur atout.

À QUELLE FRÉQUENCE DOIS-JE PLANIFIER MES AUTOÉVALUATIONS ?

Optez pour une évaluation hebdomadaire, d'une demi-heure à une heure. Le vendredi représente un bon choix, car vous pouvez ainsi réaliser le bilan de la semaine écoulée et planifier celle à venir. En ce qui concerne le moment idéal pour pratiquer l'évaluation, il existe plusieurs possibilités :

- en tout début de journée, entre 8 h et 10 h 00 : vous êtes encore frais et en pleine forme pour attaquer cette phase de travail intense ;
- au contraire, en fin d'après-midi (par exemple, entre 15 h et 17 h). Vous vous trouvez dans la situation inverse : vous aspirez au week-end et vous n'avez plus la tête à votre travail quotidien. Bien, laissez-le tomber et passez à une autre tâche avec l'autoévaluation. Ce choix repose sur la psychologie : à l'instar d'un film ou d'un roman qui lance toutes ses forces dans

le final, vous vous concentrez une dernière fois et vous donnez tout pour votre évaluation personnelle. Le risque de bâcler l'exercice est cependant plus élevé avec ce timing.

Si vous travaillez sur des projets à moyen (plusieurs mois) et à long (un an ou plus) terme, espacez davantage vos évaluations, mais n'hésitez pas à en réaliser une si un doute ou un problème apparaît. Imaginez que vous découvriez après un mois que vous avez avancé dans la mauvaise direction, quelle perte de temps ! Pensez également à réaliser un bilan chaque fois qu'un sous-objectif est atteint. Ces différentes évaluations vous permettront d'observer votre progression et de déterminer les points d'amélioration.

QUELS DANGERS SUIS-JE SUSCEPTIBLE DE RENCONTRER LORSQUE JE M'ÉVALUE ?

Le plus grand danger... c'est vous-même ! En effet, il est tentant d'embellir son évaluation. Cela satisfait l'ego, mais peut vous porter préjudice à long terme, et cela rend surtout la démarche inutile. Vous devez vous montrer honnête et objectif afin de pouvoir tirer des conclusions réalistes.

L'élaboration d'une grille d'autoévaluation peut également être ardue. Parfois, vous devez la construire avec des critères qui vous sont inconnus ou que vous ne maîtrisez pas. Suivant votre situation, documentez-vous auprès d'associations et d'organismes qui pourront vous guider.

QUELLE DIFFÉRENCE EXISTE-T-IL ENTRE UNE GRILLE D'ÉVALUATION ET UNE GRILLE D'AUTOÉVALUATION ?

Elles diffèrent dans le sens où la première est réalisée dans le but de mesurer les compétences d'autrui, tandis que la seconde est construite pour s'évaluer soi-même. Cela entraîne des conséquences, notamment dans le choix des critères à considérer ou de l'échelle de valeurs utilisée. Par exemple, les échelons d'une grille d'évaluation doivent être suffisamment explicites pour que tous les utilisateurs l'interprètent de la même façon, au risque de fausser les résultats. C'est la raison pour laquelle des échelles descriptives (passable, satisfaisant, etc.) sont préférées dans le milieu pédagogique.

COMMENT L'AUTOÉVALUATION PEUT-ELLE M'AIDER À PRÉPARER MON ENTRETIEN ANNUEL ?

En entreprise, on est régulièrement soumis à des évaluations fonctionnant avec diverses méthodologies : questionnaire à remplir, rapport à rédiger, etc. En certaines occasions, on vous demandera également de réaliser votre autoévaluation ; celle-ci sera ensuite confrontée à l'avis de votre supérieur. Cependant, nous sommes souvent peu préparés à cet exercice et nos bilans se révèlent souvent incomplets. Effectivement, difficile de se souvenir du dossier X finalisé trois mois plus tôt si nous n'avons pas pris de notes... En établissant votre propre programme d'autoévaluation, vous pourrez évaluer régulièrement votre travail et gardez des traces écrites de celui-ci. Même si cet exercice n'a rien d'officiel, il vous sera bénéfique, car vous serez prêt à effectuer un bilan critique de votre parcours au moment de l'évaluation avec votre supérieur.

QUE FAIRE SI LES RÉSULTATS DE MON BILAN PERSONNEL DIFFÈRENT DE CEUX DE MON ÉVALUATION ANNUELLE ?

Commencez par vous demander pourquoi votre travail est perçu différemment par votre supérieur. Sachez que l'un n'a pas forcément raison et l'autre tort : cette différence peut être due à des informations inconnues d'une des deux parties. Vérifiez que vous vous basez tous deux sur des faits et non des opinions ou des « on-dit ». Peut-être les critères d'évaluation ne sont-ils pas justes à vos yeux ? Dans ce cas, expliquez votre point de vue. Si vos remarques sont pertinentes, il est probable que vous marquiez des points.

Si votre supérieur a manifestement tort, la situation est plus délicate. Vous pouvez essayer d'avancer des arguments sans l'accuser ou l'agresser pour autant. Si vous avez bien préparé votre entretien, vous devriez pouvoir répondre à toutes ses questions. Par contre, si c'est vous qui êtes en tort, ne cherchez pas à le nier, mais rebondissez et proposez des solutions. Par la suite, vous pourrez reprendre votre autoévaluation pour comprendre en quoi vous l'avez mal construite.

DOIS-JE ENCOURAGER L'AUTOÉVALUATION CHEZ MES EMPLOYÉS ?

Oui et 1 000 fois oui ! Vous les responsabiliserez et les rendrez plus autonomes. L'autoévaluation est si efficace qu'à en croire l'article *This Is The Internal Grading System Google Uses For Its Employees. And You Should Use It Too*, le géant Google l'a intégrée dans son fonctionnement dès ses premières années d'existence. Pour chaque objectif fixé (déterminé par les salariés eux-mêmes), les équipes de Google s'attribuent une note au lieu d'être jugées par leur manager. Google utilise une notation entre 0 et 1, le but étant de viser un 0,6 ou un 0,7. Si vous êtes proche de 1, cela signifie que l'objectif n'était pas assez haut. En dessous de 0,4, l'équipe doit au contraire se poser des questions sur son travail.

À VOUS DE JOUER !

Il serait à peine exagéré de dire qu'il existe potentiellement autant de grilles que d'utilisateurs et de situations ! Afin de réaliser une autoévaluation efficace, il convient donc au préalable d'élaborer votre grille. Inspirez-vous des exemples suivants.

LA GRILLE CLASSIQUE

Titre de votre grille

Critères	Éléments observables	Échelle de valeurs (échelons)	Commentaires
Critère 1	• Élément observable 1	1 2 3 4 5	
	• Élément observable 2	1 2 3 4 5	
	• Etc.	1 2 3 4 5	
Critère 2	• Élément observable 1	1 2 3 4 5	
	• Élément observable 2	1 2 3 4 5	
	• Etc.	1 2 3 4 5	

Ce type de grille a fait ses preuves et reste efficace. La case « Commentaires » peut vous servir à décrire la situation que vous avez vécue ou à justifier l'appréciation que vous vous attribuez. Cependant, pour éviter d'alourdir la feuille, contentez-vous d'un bref commentaire de trois lignes maximum, voire de quelques mots-clés. Enfin, pour une présentation plus aérée, construisez votre grille au format « paysage ».

LA GRILLE À ÉCHELLE BINAIRE

Formulez les critères sous forme de questions ou d'affirmations, répondez-y par « oui » ou « non » et justifiez votre choix. Ce modèle vous oblige à trancher, ce qui est à la fois sa force et sa faiblesse. Il met l'accent sur le pourquoi, plutôt que sur la note, et vous permet ainsi de mieux comprendre ce qui vous freine.

La grille à échelle binaire

Critère	Oui-Non	Justification
Ai-je communiqué toutes les informations nécessaires à mon équipe ?	Non	Après une semaine, je me suis rendu compte que mon équipe prenait contact avec des fournisseurs alors qu'une étude de marché était déjà en cours.

LA GRILLE SEMI-OUVERTE

Cette grille inclut quelques questions ouvertes. Elle est fréquemment utilisée pour donner un feed-back (par rapport à une formation, par exemple) ou lors d'entretiens d'évaluation annuels. Elle permet de cibler la majorité des réponses, tout en laissant une marge de liberté à l'utilisateur. Dans le cadre d'une autoévaluation, vous pouvez inclure quelques questions ouvertes, afin d'élargir votre horizon.

En reprenant l'exemple ci-dessus, on pourrait imaginer comme question ouverte : « Est-ce une situation unique dans mon entreprise, ou y a-t-il eu des cas similaires ? Que s'est-il passé alors ? »

La grille semi-ouverte

	Critère	Type d'échelle
Évaluation fermée	Organisation	1 2 3 4 5
	Gestion du temps	1 2 3 4 5
	Gestion des ressources financières	1 2 3 4 5
	Gestion des ressources matérielles	1 2 3 4 5
	Critère	
Évaluation ouverte	Quels ont été mes points forts dans la gestion de ce projet ? Réponse	
	Quels ont été mes points faibles dans la gestion de ce projet ? Réponse	

Votre avis nous intéresse !
Laissez un commentaire sur le site de votre
librairie en ligne et partagez vos coups de cœur sur
les réseaux sociaux !

POUR ALLER PLUS LOIN

SOURCES BIBLIOGRAPHIQUES

- DEBRAY (Cécile) et FAMERY (Sarah), *Le bilan de compétences*, Paris, Éditions d'Organisation, 2010.

- KORENBLIT (Patrick), LEHONGRE (Hélène) et NICOLAS (Carole), *Construire son projet professionnel… à partir du bilan de compétences*, Paris, ESF éditeur, 2011.

- LABRUFFE (Alain), *Les nouveaux outils de l'évaluation des compétences*, Paris, AFNOR Éditions, 2009.

- PEUPLE ET CULTURE (collectif), *Penser avec l'entraînement mental. Agir dans la complexité*, Lyon, Chronique sociale, 2003.

- YAROW (Jay), « This Is The Internal Grading System Google Uses For Its Employees. And You Should Use It Too », in *Business Insider*, janvier 2014, consulté le 2 novembre 2015.

- http://www.businessinsider.com/googles-ranking-system-okr-2014-1?IR=T

- YATCHINOVSKY (Arlette) et Michard (Pierre), *Le bilan personnel et professionnel. Instrument de management*, Paris, ESF éditeur, 1994.

SOURCES COMPLÉMENTAIRES

Sur le bilan de compétences et le projet professionnel

- ABOVILLE (Arnaud d'), BERNIÉ (Marie-Madeleine) et CARPENTIER (André), *Entreprendre un bilan de compétences et réussir son projet professionnel*, Paris, Dunod, 2003.

- ANDRÉANI (Philippe), BARBIER SAINTE-MARIE (Delphine) et PINAUD (Florence), *Faire son bilan de compétences*, Paris, Studyrama, 2008.

- AUBIN (Nadia), *Évaluation. J'ai la cote*, Paris, Éditions d'Organisation, 2003.

- CAPEL (Laurent), *L'évaluation des personnes. Théories et techniques*, Genève, Slatkine, 2009.

- DOUËNEL (Jacques) et SÉDÈS (Lole), *Faites votre bilan personnel. Tests pour construire votre projet*, 2e édition, Paris, Éditions d'Organisation, 2005.

- GOETZ (Corinne) et SAINTE LORETTE (Patrick de), *Le bilan de vos compétences. Des outils pour cerner votre personnalité et construire un projet professionnel en phase avec le marché*, Paris, Eyrolles, 2014.

- LEMOINE (Claude), *Se former au bilan de compétences. Comprendre et pratiquer la démarche*, 4e édition, Paris, Dunod, 2014.

- PAQUAY (Léopold), VAN NIEUWENHOVEN (Catherine) et WOUTERS (Pascale), *L'évaluation, levier du développement professionnel ? Tensions, dispositifs, perspectives*, Bruxelles, De Boeck, 2010.

Sur l'autoformation et la connaissance de soi

- BANDURA (Albert), traduction de Lecomte (Jacques), *Auto-efficacité. Le sentiment d'efficacité personnelle*, Bruxelles, De Boeck, 2007.

- BERNHARDT (Alexandre) et LAGRENAUDIE (Camille), *Êtes-vous ce que vous voulez être ? Manuel de réalisation de soi dont vous êtes le héros*, Toulouse, les éditions Équation de la conscience, 2012.

- GABILLIET (Philippe) et MONTBRON (Yves de), *Se former soi-même. Les outils de l'autoformation*, Paris, ESF éditeur, 1998.

Sur les évaluations en entreprise

- HOSDEY (Alain), *Pour des entretiens d'évaluation efficaces*, Liège, Edipro, 2010.

- NOYÉ (Didier) et FAUCONNIER (Emmanuel), *Conduire un entretien de développement professionnel*, Paris, Insep Consulting, 2007.

- LEMMONIER (Jacques), *Les objectifs individuels de performance*, Paris, Vuibert, 2010.

- TEBOUL (Jacques), *L'entretien d'évaluation. Comment s'y comporter. Comment le mener*, Paris, Dunod, 2005.

- VIDAILLET (Bénédicte), *Évaluez-moi ! Évaluation au travail : les ressorts d'une fascination*, Paris, Éditions du Seuil, 2013.

ISBN ebook : 978-2-8062-6498-5
ISBN papier : 978-2-8062-6499-2
Dépôt légal : D/2015/12603/234
Photo de couverture : © Coloures-Pic – Fotolia.com

Conception numérique : Primento,
le partenaire numérique des éditeurs